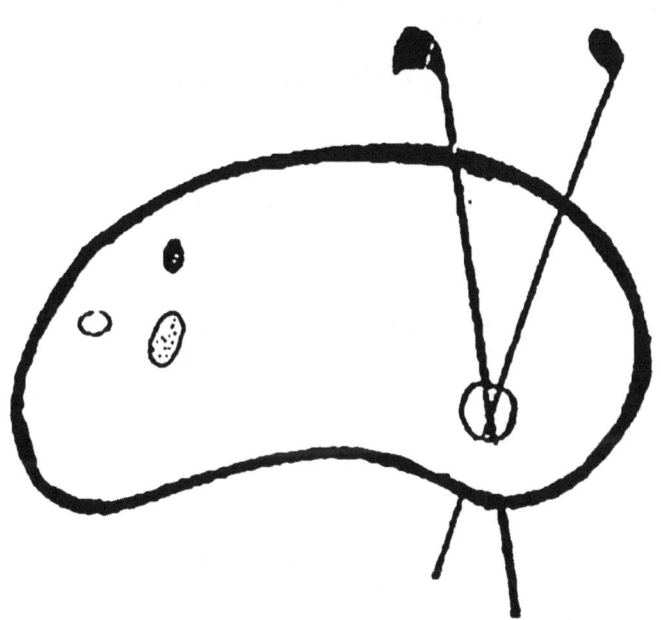

DÉBUT D'UNE SÉRIE DE DOCUMENTS
EN COULEUR

DISSERTATION PHILOSOPHIQUE

SUR LES

PRINCIPES CONSTITUTIFS

DE LA NATURE CORPORELLE

PRÉSENTÉE

A la *Société Niçoise des Sciences Naturelles et Historiques*

PAR

L'Abbé Charles BARNEAUD

MEMBRE DE LA MÊME SOCIÉTÉ

DOCTEUR EN THÉOLOGIE ET EN PHILOSOPHIE, DU COLLÉGE ROMAIN,

VICAIRE A BANDOL (VAR).

En Appendice, du même Auteur :

ÉTUDE SUR LA MÉTHODE DE SOLUTION

pour la

QUESTION DE LA NATURE CORPORELLE

D'après saint Thomas et les Scholastiques.

PARIS

E. BALTENWECK, LIB.-ÉDITEUR | Victor SARLIT, LIB.-ÉDITEUR
Rue Honoré-Chevalier, 7. | Rue de Tournon, 19.

1880

LIBRAIRIE Ed. BALTENWECK
Rue Honoré-Chevalier, 7, Paris

BIBLIOTHÈQUE HISTORIQUE ET LITTÉRAIRE

Promenades d'un Touriste, voyage en Hollande. — Excursion en Savoie et en Suisse, par Victor Fournel. 1 beau vol. in-18 jésus............ 2 fr.

Vacances d'un Journaliste. Huit jours dans les Vosges. — De Paris à Madrid. — Simple coup-d'œil sur Londres. — A travers l'Allemagne et l'Autriche-Hongrie, par le même. 1 beau vol. in-18 jésus............ 2 fr.

Les Alpes, histoire et souvenirs, Xavier Roux. 1 beau vol. in-18 jésus............ 2 fr.

Scènes villageoises, Jacques Brunon. — Georges Mauclair, par Eugène Muller. 1 beau volume, in-18 jésus, avec gravures............ 2 fr.

Les Révolutions d'autrefois. Mémoires de don Ramos. — Le Siège de Florence, par A. Genevay. 1 beau vol. in-18 jésus, avec gravures............ 2 fr.

Grandeur et décadence d'un Oasis. Marthe Verdier, par Ch. Wallut. 1 beau volume in-18 jésus, avec gravures hors texte............ 2 fr.

Histoire naturelle pittoresque Mémoires d'une ménagerie. — Frosch et Pécopin, par H. de la Blanchère. 1 beau volume in-18 jésus, avec nombreuses gravures............ 2 fr.

Les derniers écrits philosophiques de Tyndall, par le P. Joseph Delsaulx, professeur au collège de la Compagnie de Jésus, à Louvain. 1 vol. in-18 jésus............ 1 fr. 50

Pratique de l'art oratoire de Delsarte, par l'abbé Delaumosne, curé de Ste-Marthe. 1. vol. in-8 jésus, avec gravures dans le texte............ 2 fr. 50

L'Université et les Jésuites, deux procès en Cour de parlement au XVI siècle, étude historique, par Ed. Pontal, archiviste-paléographe. 1 volume in-18 jésus............ 75 cent.

Les utopies et les réalités de la question sociale, par Xavier Roux, rédacteur de la *Gazette de France*, précédé d'une lettre de M. F. Le Play. 1 beau vol. in-18 jésus...... 3 fr.

Lois de l'Univers, principe de la création, L. G. Perreaux (de l'Orne), ingénieur, chevalier de la Légion d'honneur. La clef des sciences par une découverte de lois. 2 beaux vol. in-8 ornés d'un magnifique chromo............ 16 fr.

Les Sociétés secrètes et la Société, philosophie de l'histoire contemporaine, par le P. Deschamps, de la Compagnie de Jésus, auteur du Monopole Universitaire, destructeur de la Religion et des Lois. 3 vol. in-8°............ 12 fr.

La vie domestique, ses modèles et ses règles, d'après des documents originaux, par Charles de Ribbe. 2 vol. in-18 jésus, 2e édit............ 6 fr.

Deux Chrétiennes pendant la peste de 1720, d'après les documents originaux, par le même. Joli volume in-18 jésus (elzévir)............ 2 fr. 50

MARSEILLE. — IMPRIMERIE BLANC & BERNARD
2 A, RUE SAINT-PAULINE, 2 A

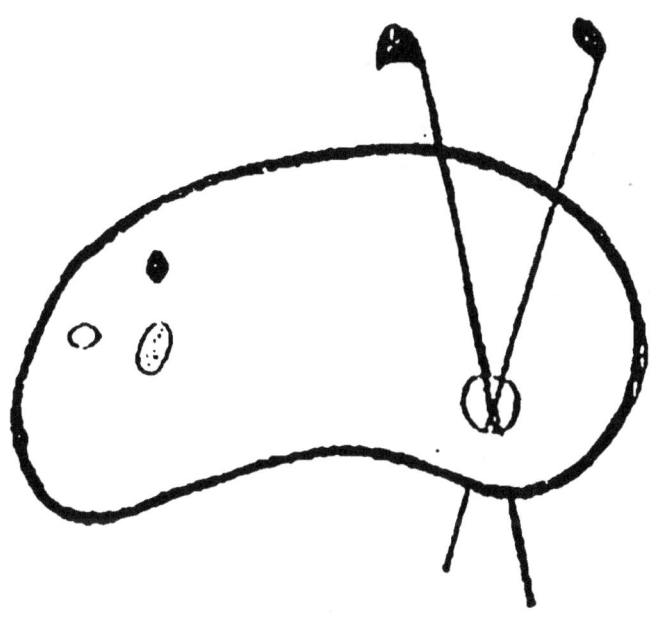

FIN D'UNE SERIE DE DOCUMENTS
EN COULEUR

DISSERTATION PHILOSOPHIQUE

SUR LES

PRINCIPES CONSTITUTIFS

DE LA NATURE CORPORELLE

PRÉSENTÉE

A la *Société Niçoise des Sciences Naturelles et Historiques*

PAR

L'Abbé Charles BARNEAUD

MEMBRE DE LA MÊME SOCIÉTÉ
DOCTEUR EN THÉOLOGIE ET EN PHILOSOPHIE, DU COLLÉGE ROMAIN,
VICAIRE A BANDOL (VAR).

En Appendice, du même Auteur :

ÉTUDE SUR LA MÉTHODE DE SOLUTION

pour la

QUESTION DE LA NATURE CORPORELLE

D'après saint Thomas et les Scholastiques.

PARIS

E. BALTENWECK, LIB.-ÉDITEUR | Victor SARLIT, LIB.-ÉDITEUR
Rue Honoré-Chevalier, 7. | Rue de Tournon, 19.

1880

AVANT-PROPOS

DÉCLARATION DE L'AUTEUR

La Dissertation que je livre au public, a été commencée en Février 1879, l'étude que l'on trouvera en appendice était prête pour l'impression dès Novembre 1878 ; depuis, un grave événement s'est accompli pour le monde philosophique, l'Encyclique Œterni Patris a été publiée le 3 Août 1879, par Sa Sainteté Léon XIII. Je n'ai pas cru devoir changer un mot aux lignes que j'avais écrites. Le document Pontifical, prévu depuis longtemps, insiste sur la nécessité de défendre la doctrine de saint Thomas. Mon but est de poursuivre ce résultat, en recherchant sur ce point spécial la doctrine de l'Ange de l'École.

Du reste, si quelqu'une de mes phrases violait ma foi catholique, le respect absolu que je veux par dessus tout conserver pour la parole du Docteur Infaillible, je la condamne par avance et sans restrictions.

De plus, plusieurs des auteurs qui sont attaqués au

cours de ce travail ont été élevés à de très-hautes dignités, le R. P. Zigliara, par exemple. Je maintiens les critiques exprimées contre leur personnalité purement philosophique : persuadé qu'on verra dans cette conduite une preuve en faveur de la vérité de ces jugements, que je crois très fondés quant au fond.

L'abbé Ch. BARNEAUD.

Bandol, 28 Décembre 1879.

DES

PRINCIPES CONSTITUTIFS

DE LA NATURE CORPORELLE

J'aurais voulu, Messieurs, choisir un autre sujet plus en harmonie avec le caractère éminemment littéraire et scientifique de votre Société. Mais je n'aurais jamais osé parler de littérature dans cette enceinte. J'ai préféré vous apporter l'écho des grandes voix de la philosophie romaine sur une question déjà attrayante par elle-même : *La Nature corporelle*. Du reste, la littérature, les sciences physiques ne peuvent récuser ce traité : à l'art merveilleux du bien dire, il faut le solide fondement de la vraie science, d'une connaissance profonde de ce qui est. La littérature est l'écorce, la philosophie constitue les fibres vitales : et alors que nous causons tant des beautés du monde sensible, alors que nous cherchons à mieux connaître ce qui paraît au dehors, ce qui semble, il est nécessaire de savoir surtout ce qui existe de fait au dedans, c'est-à-dire, l'essence, la nature. C'est là le lieu propre de la métaphysique et de la philosophie.

De nos jours, Messieurs, des discussions ardentes se sont élevées sur ce thème, discussions passionnées, dans lesquelles la charité philosophique a eu quelque peu à souffrir. On s'est même étonné dans nos rang de ces disputes qu'on a appelées *Disputes de Bysance*, en souvenir de ces Grecs qui argutiaient sur les accents euphoniques, pendant que l'ennemi escaladait les murailles et commençait le carnage. Je crois qu'on peut défendre cette controverse, et cette même raison m'excusera d'avoir voulu la continuer devant vous. Les philosophes catholiques ont certes, aujourd'hui, de grands devoirs; ils doivent défendre la vérité contre les attaques de tous : ils n'y manquent pas. Il m'a été donné de les voir de près, à Rome, dans cette splendide Université grégorienne, où les fils de Saint Ignace perpétuent, avec les vertus du grand fondateur, les gloires et les magnificences de la scholastique. Mais, doivent-ils s'en tenir à ce travail ingrat de polémique étrangère ? Il nous faut bien persuader, Messieurs, qu'en général l'Incrédulité, source des doutes métaphysiques, est un châtiment, une maladie morale, et ce n'est point la philosophie qui en peut guérir. Il convient de répéter, en ce sens, l'aphorisme anglais, *Never a man was reasonn'd of his religion*, que Joseph de Maistre traduisait ainsi, après en avoir à peu près désespéré, comme il le dit lui-même : « *Jamais* homme ne fut chassé de sa religion par des arguments. » Et il concluait, après quelques considérations : « Quoi qu'il en

« puisse être, soit que l'heureux changement s'opère
« subitement ou par secousses, toujours il com-
« mence par le cœur où le syllogisme est étranger. »
Il ne faudrait donc point exagérer le rôle de la philosophie catholique: déjà, du temps de Saint Augustin,
l'incrédulité se répétait, et moins encore aujourd'hui
qu'en tout autre temps se rencontrent des objections nouvelles.

De plus, l'Église n'a point à craindre des assauts
qui lui sont livrés : jamais elle n'aura à redouter le
sort de Bysance. C'est pourquoi sûre d'elle-même,
sûre de son avenir, sûre de son Dieu, elle a le droit
de dédaigner le tapage qui se fait à son entour et de
poursuivre sa tâche, qui est le salut de l'humanité,
par la découverte et la possession de la vérité, et de
la vérité quelle qu'elle soit, car dans cet ordre rien
n'est petit.

A l'abri de ces scrupules, étudions cette grande
question de la métaphysique. Et tout d'abord préci-
sons les termes.

Qu'entendons-nous par nature corporelle et par
ses principes constitutifs ?

La nature, en général, est définie par Aristote
(2 *Phys. cap. I.*) « Le principe et la cause du mouve-
« ment et du repos, principe et cause intrinsèques,
« constituant l'être lui-même, non point par acci-
« dent et instrumentalement mais par destination es-
« sentielle et principale. » *Principium quoddam motus
et quietis ejus in quo est, primum per se et non per acci-
dens.* Si nous voulons nous écarter de l'opinion particulière du philosophe de Stagyre, qui assigne un

lieu naturel à tous les corps, nous ne mentionnerons pas de cause active pour le repos, si ce n'est la cessation du mouvement et, avec le P. Palmieri, nous définirons la nature : « Le Principe intrinsèque et « premier, soit actif soit passif, des phénomènes dont « le mouvement est la commune origine. »

Comme il est facile de s'en convaincre, le philosophe grec avait comme prévenu les théorèmes actuels de notre physique, qui assigne comme cause unique des phénomènes corporels, le mouvement. Il est bon de remarquer que dans cette définition générale le mot *mouvement* doit s'entendre de toute activité soit locale, soit vitale. Par application du principe générique, « la nature corporelle sera la « cause des phénomènes produits par le mouvement « local. »

L'observation spécifie ces phénomènes ; la physique les définit ; c'est par elle que nous les connaissons, que nous apprenons que, l'extension et la résistance sont les propriétés essentielles des corps et que le corps apparaît comme occupant une portion d'espace et résistant au contact. La privation de force vitale constitue la matière dans un état nommé l'inertie, dans lequel elle est incapable de se mettre par elle-même en acte ou de transmettre un mouvement qu'elle n'aurait pas reçu. — Nous avons donc établi le concept de nature corporelle. « C'est *la* « *nature d'un être inerte qui est étendu dans l'espace et* « *résiste au contact.* »

Chercher les éléments de cette nature c'est étudier quels sont les constitutifs des forces qui opèrent dans tous les corps l'extension et la résistance. Aristote dit de ces éléments ou principes : « *Nec ex se invicem, nec ex aliis, sed ex quibus omnia fiunt* ; » c'est-à-dire, que ces êtres élémentaires ne sont pas constitués par la réunion d'autres êtres ou par leur jonction mutuelle, mais que, commençant une série, ils entrent eux-mêmes dans la composition ou constitution de tous les êtres corporels. Avant toutes choses et indépendamment de tout système, nous savons que les éléments de la nature corporelle doivent avoir en eux les mêmes caractères que nous avons reconnus dans cette nature, c'est-à-dire, sans parler de l'inertie, qui est essentielle aux êtres non vivants, l'*extension* et la *résistance*. Nous devrons donc rejeter, sans autre raisonnement, tout système qui contredirait cette observation première : car il nous paraît évident que les propriétés essentielles du tout se doivent retrouver dans la somme des parties.

II.

A. — Nous pouvons procéder ici de deux manières : ou par la considération des diverses opinions émises à ce sujet, et user ainsi de la méthode d'élimination ; ou par l'analyse des données fournies par le raisonnement et l'expérience, pour pouvoir, à leurs clartés, arriver à la vérité. — Cette dernière méthode m'a paru plus philosophique, plus en harmonie avec les grands principes de la science de la raison. Il nous sera moins difficile, en cette voie, de résister à ces préjugés de parti métaphysique qui, plus souvent que l'on ne pense, se font jour dans la philosophie et transforment les sacrés parvis du temple de la sagesse en tréteaux de théâtre ou en tribunes modernes.

Telle est donc la marche à suivre : étudier les propriétés des corps pour en arriver à l'essence elle-même et la connaître plus profondément, comme on déduit facilement la connaissance de la cause, alors que l'effet nous est plus intimement mis à jour. Nous avons vu que les propriétés premières des corps sont l'extension et la force de résistance ; le corps, en effet, est étendu dans l'espace et résiste au contact. Nous pouvons, sans de longs développements, faire comprendre que la résistance que nous observons n'est qu'un corollaire de l'extension elle-même. — Comment, en effet, pour nous, se manifeste cette occupation de l'espace? Comment se rend-elle sensible, si ce n'est par la force de résistance? C'est pourquoi, nous plaçant au point de vue de l'observation, nous pouvons nous en tenir à l'étude de la seule extension.

Qu'est-ce donc que l'extension ou étendue?

Nous avons donné la notion vulgaire : « Tous les « corps, dit M. Boutet de Monvel, occupent une cer- « taine place dans l'espace : c'est là ce que l'on veut « exprimer lorsque l'on dit que tous les corps sont « étendus. » En physique, on se contente de cette définition, et M. Boutet de Monvel, comme tous ceux qui écrivent une physique, n'en donne pas d'autre. Le philosophe, qui connait des choses par leurs causes les plus hautes, exige davantage. La définition doit contenir ce que la scholastique nomme la *raison formelle*, le constitutif essentiel, la réponse à l'*ultimum quare* ; or, nous venons de lire une propriété de l'étendue, propriété qui consiste à occuper une certaine portion de l'espace, c'est-à-dire, à agir dans cette portion et à résister à tout survenant ; mais nous ne connaissons pas la définition de l'étendue. Nous pouvons rechercher la *raison*, le motif intrinsèque de cette occupation d'espace.

Tout d'abord, nous concevons que l'étendue n'est autre chose que la quantité, en ce sens que l'extension n'est que la manifestation de la quantité. Or, la quantité est définie communément « *positio partium extra partes.* » — C'est ce qui a inspiré à Aristote sa définition de l'être étendu. « *Extensum dicitur id quod est divisibile in ea quæ insunt quorum singula apta sunt, divisione facta, per se existere.* » — « On appelle « étendue tout être divisible en parties, dont chacune « peut, après division, conserver son être propre et « substantiel. » En d'autres termes, ce qui est à la base de l'extension, c'est la composition de l'être : son essence serait la divisibilité absolue, intrinsèque, de l'être. Celle-ci posée, nous concevons en effet la divisibilité relative, c'est-à-dire, dans l'espace ; nous concevons la mensurabilité, la pesanteur. — En analysant notre sensation de l'être étendu, nous en arrivons au concept d'un être un par lui-même, mais dont nous retrouvons l'action et la force en divers points, que nous constatons appartenir à ce même être. — Nous affirmons alors la multiplicité de l'être, c'est-à-dire, l'existence en lui de parties qui toutes concourent à la formation de son être total... La multiplicité, la position des parties hors des parties n'est autre que la divisibilité ou séparabilité intrinsèque. C'est donc en cette divisibilité que nous pouvons placer l'essence de l'extension ou étendue.

B. — La question *quid sit* résolue, il faut répondre aux doutes de l'existence réelle, *an sit*. Cette étendue, telle que nous la concevons, telle que nous l'avons définie, existe-t-elle dans ce que nous appelons corps ?

La réponse à cette question est facile. Seuls les idéalistes, les rêveurs du *Kantisme* allemand qui ne croient qu'aux impressions subjectives, peuvent nier ce fait. Bornons-nous à constater que nous avons la sensation de l'étendue et que la sensation sans son objet existant et actuellement agissant est tout aussi impossible qu'un effet sans cause.

Il existe donc une extension objective, c'est-à-dire, il existe des objets divisibles que nous percevons. Ce qui nous amène à la certitude de cette existence, c'est, avons-nous dit, la sensation, sans l'aide de laquelle nous ne connaîtrions rien de ce qui est en dehors de nous. Cette origine nous permet de poser un doute. A en croire notre sensation de vue, les objets extérieurs forment une extension continue et non interrompue, et cependant la physique moderne démontre la porosité de tous les corps, cette porosité est même proclamée une des propriétés générales de la nature corporelle. La sensation de vue ou de toucher est donc un messager infidèle ou, tout au moins, incomplet ; car elle ne nous a pas dénoncé ces distances qui séparent les molécules, elle nous fait croire à une étendue autre que celle qui existe en réalité. — Ne se pourrait-il pas que nos sensations nous induisent encore à la même erreur, que les objets extérieurs fussent aptes à exciter en nous la sensation d'étendue sans qu'il en eussent pourtant la réalité ; en d'autres termes, l'étendue ne pourrait-elle point exister seulement à l'état *phénoménique*?

Quelque étrange que puisse paraître cette question, il nous faut y répondre, d'abord pour mettre mieux en lumière la réalité objective de l'extension, et, ensuite, pour écarter du débat deux hypothèses fameuses ; celle des points simples, de Boscovich, et celle des monades, de Leibnitz. La réponse négative ne paraît point douteuse, quand on se pose en face de cette interrogation sans idées préconçues. Ceux qui, au nom des principes mathématiques ou rationnels, soutiennent la possibilité de l'extension imaginative sans être physique, avouent résolument l'impossibilité où ils sont d'expliquer la genèse de cet étrange phénomène. Pour ce qui est de la similitude alléguée touchant la porosité, il nous est facile de remarquer sa différence d'avec l'hypothèse de Boscovich et autres. La distance poreuse est infiniment petite : l'œil ne perçoit pas les infiniments petits, non point parce qu'ils n'existent pas, mais parce que son état de faiblesse organique ne lui permet pas de les discerner ; le microscope, en augmentant la portée de son action, le met dans l'état normal vis-à-vis de cet objet et le lui présente. Or, l'hypothèse que nous combattons nie, en toute condition du sens, l'existence même de l'extension réelle et ne conserve que l'apparence, apparence toujours trompeuse. Voici, du reste, la théorie de Boscovisch, telle qu'il la pose dans son ouvrage *de lege continuitatis*. Les corps sont formés d'une infinité d'êtres simples semblables à des points et indivisibles, c'est-à-dire, sans aucune quantité, étendue ou grandeur, des points mathématiques. Ces points Boscovisch les suppose séparés et agissant chacun dans leur sphère : Zénon et Démocrite les admettaient réunis et formant ainsi une étendue continue et consistante.—Or, l'hypothèse de Boscovisch est inadmissible, car elle n'explique même pas, — sans parler d'autres difficultés — ce qu'il fallait surtout expliquer, le *phénomène d'étendue* produit sur nos organes, phénomène qui est reproduit dans toute sensation.

Pour que ces atomes simples puissent exciter sur nos organes cette impression, nous devons supposer que ces atomes exercent une opération quelconque qui ait pour résultat la modification organique, condition de l'acte sensitif. Mais cette action requiert le contact immédiat de l'être agissant ; les causes créées, en effet, ne peuvent agir à distance. Cette première condition est violée par la théorie de Boscovisch, qui suppose les atomes soumis à la force répulsive, perpétuellement écartés les uns des autres, et écartés aussi, par conséquent, des atomes qui forment nos organes. — Supposons un contact réel avec nos molécules, comment retrouver les notes de l'étendue que nous connaissons par la sensation ? — Nous sentons le *phénomène* d'une étendue qui résiste, d'une étendue impénétrable, qui ne laisse place à aucun autre corps dans la portion d'espace occupée ; or, l'atome de Boscovisch qui heurterait ma main, ou un atome de ma main ne lui résisterait pas dans le sens que nous avons indiqué, le contact aurait lieu par tout l'être, il y aurait alors nécessairement compénétration.

La seconde hypothèse n'est pas plus admissible.— Un *continu* formé de ces atomes simples serait un *continu* dans lequel tous ces êtres se toucheraient sans interruption. Or, ce contact ne pourrait avoir lieu que par tout l'être ensemble ; la compénétration n'est point autre chose : toute étendue qui donnerait une sensation de résistance ou d'impénétration est donc ici impossible. — Tel était l'argument par lequel Aristote pressait Zénon Eléate, disciple et compagnon de Parménide : il en donnait trois autres conservés dans le traité *de lineis insecabilibus* et dans le livre IV, *Physicorum.* cap. IX, n° 2. — Zénon répondait par des syllogismes dont la subtilité décourage le commentateur, mais qui sont sans importance logique et philosophique.

Leibnitz, dans sa lettre à Pfaffe, pose *quasi per lusum*, écrit-il lui-même, la théorie des *monades*. Ces *monades* ou atomes simples, sont absolument sans aucune quantité réelle, en nombre infini dans chaque corps qu'elles composent, dissemblables entr'elles, douées d'une perception et d'une appétition au moins incomplètes. Ce *jeu* de Leibnitz ne devrait point avoir accès dans le monde philosophique : on y voit affirmées les impossibilités les plus manifestes: d'abord le continu étendu formé d'êtres, absolument inétendus ; la multitude infinie *actu*, la perception attribuée à la matière, l'action à distance, etc...Aussi, croyons-nous cette idée jugée par le mot de son inventeur. — Il faut donc affirmer l'existence objective de l'étendue *réelle* : les corps ont réellement des parties en lesquelles ils peuvent être divisés : ces parties ont elles-mêmes une étendue, car comment avec l'être entièrement simple former un être étendu ? — Le multiple de o est toujours en o ! — Toutes les hypothèses basées sur les *points mathématiques* méconnaissent donc le caractère d'étendue signalé par notre sensation et nos expériences.

Cette étendue réelle, dont sont doués tous les corps, comment la pouvons-nous concevoir ? Nous l'avons dit, cette étendue réelle n'est autre chose que la propriété qu'ont les corps de pouvoir être divisés en parties distinctes et réelles. *Divisibilitas reciprocatur cum extensione.* Cette divisibilité de tous les corps a été surtout admirablement étudiée par le R. P. Secchi, l'illustre professeur du Collége Romain, dont j'ai eu l'honneur d'être l'élève et le disciple. C'est après ses remarquables expériences qu'il est impossible de nier ce fait, à savoir que tous les corps sont composés de particules, toutes douées d'un mouvement concentrique, particules qui ne peuvent être séparées en autres parties plus petites, particules qui sont homogènes dans la même substance, hétérogènes considérées dans les divers êtres.... Tel est le théorème de l'atomisme purement physique.... « La preuve la plus convaincante de cette théorie, dit un autre professeur du Collège Romain, le P. Provenzali, nous est donnée par le *complexus* des faits, qui forment le patrimoine le plus certain de la chimie moderne. La théorie atomique une fois admise, ces faits n'en sont qu'une conséquence nécessaire ; mais cette théorie étant niée, tous ces faits demeurent inexplicables et sans relations(1). » Je ne crois donc pas qu'un doute soit scientifiquement possible à ce sujet. La divisibilité réelle est dans l'essence connue de la nature corporelle, et, en ce sens, tous les corps sont un *continu formel,* c'est-à-dire, un être étendu, sans intervalles capables de briser son unité, divisible intrinsèquement en parties qui toutes peuvent exister et agir séparément; un être qui constitue l'espace réel et qui, par sa force de résistance, possède l'impénétrabilité. En est-il de même pour les éléments premiers de ces corps, ces atomes que la science dénonce et auxquels nous sommes amenés par le raisonnement ? Il est évident que la divisibilité formelle ne peut leur être attribuée. ils n'ont point de parties ; mais, d'autre part, comment possèdent-ils l'étendue, sans laquelle nous n'aurions pas le droit de les désigner comme parties du corps ? Pour répondre à cette question, examinons mieux notre sensation de l'étendue. Nous percevons un espace occupé ; nous avons cette perception, parce que à

---

(1) Chimica generale, p. 9. Roma. Morini. 1877.

tel endroit déterminé notre main rencontre un obstacle, notre œil est frappé par les ondes sonores. Cette action, cette résistance nous la retrouvons identique à tous les points de l'espace, et de cette continuité, comme de cette identité de sensations, nous concluons à un être qui occupe l'espace, qui y résiste par son action en divers points donnés. — Si les expériences physiques dont nous parlions tantôt et qui, en expliquant la nature des corps, nous en montrent les molécules en mouvement, ne venaient s'ajouter à ces observations, aurions-nous le droit de conclure à l'existence d'un *continu formel*, à la divisibilité intrinsèque, telle qu'elle a été définie ? — Évidemment non. Ce qui ressort de la sensation c'est la divisibilité de l'espace qui résiste, la multiplicité de l'action en diverses parties, en même temps que son unité. Ne se pourrait-il faire qu'un être par lui-même privé entitativement de toute quantité exerce son action, sa force de résistance en divers points distincts de l'espace et soit ainsi simple dans sa substance, mais étendu, divisible dans sa force, sa vertu, soit *étendu non formellement* mais *virtuellement* ?

La philosophie, Messieurs, est la science des hypothèses et des interrogations : ce n'est le plus souvent qu'en traversant le doute, au moins relatif que l'on peut arriver à la certitude. Aussi, nous faut-il examiner la question de possibilité. — Nous pouvons tout d'abord trouver une frappante analogie. Notre âme, Messieurs, est répandue dans tout notre corps ; c'est un être simple par essence, un être qui n'a point de parties, et qui est tout entier partout où il se trouve. Cette âme a une action dans chacune des parties qu'elle habite ; partout elle entretient la vie, est cause de la sensation, au moins de la sensation du toucher dont l'épiderme est l'organe commun. — Nous avons donc ici un être simple par nature qui agit en divers points déterminés, séparés, distincts de l'espace. Cet être est divisible non intrinsèquement mais extrinsèquement, en ce sens qu'on peut diviser la sphère de son activité externe, trouver les quatre dimensions dans l'espace où il s'exerce ; cet être possède l'extension virtuelle. Supposons maintenant un être tout aussi naturellement simple, qui seulement, au lieu de la force de sensation, exerce en divers points divisibles de l'espace la force de résistance, cette force apte à produire les effets que nous ressentons, serions-nous en face d'une impossibilité métaphysique ? Nous ne le pensons pas. Sur cette base, voici comment nous résumons notre théorie.

1° Les corps sont une synthèse de plusieurs substances réunies entr'elles pour la constitution d'une nature particulière, c'est-à-dire, pour la formation d'un principe ontologique suffisant et nécessaire pour être cause d'un ordre donné d'opérations ;

2° Les corps sont une matière étendue, douée de la force de résistance à l'état primitif d'inertie. Cette force, une fois en mouvement, est principe en eux de mobilité et de transmission des phénomènes qui influent sur nos organes et déterminent la sensation;

3° Les substances qui composent les corps sont ou simples ou composées. Si elles sont composées, nous raisonnerons d'elles comme du corps dont elles sont le constitutif immédiat, jusqu'à ce que nous en venions à un corps dont les substances composantes ne *soient formées d'aucune autre substance et entrent dans la formation des autres corps*. Nous venons de répéter la définition du principe d'après Aristote, *quæ nec ex se invicem, nec ex aliis, sed ex quibus alia fiunt:*

4° L'extension formelle ne peut être attribuée à ces substances primitives, parce qu'elles ne pourraient se subdiviser qu'en autres substances et ainsi à l'indéfini, jusqu'à l'invention d'une substance qui, simple par elle-même, soit composante d'une autre. D'autre part, il est impossible que ces substances soient aptes à former un corps, si elles n'ont pas une extension quelconque : ce serait revenir à l'hypothèse rejetée des êtres de simplicité mathématique :

5° Ces substances primitives sont donc naturellement simples et virtuellement étendues. Ce sont des êtres qui se retrouvent identiques dans divers points de l'espace, y exercent leur force de résistance, et opèrent, par suite d'une motion reçue, un mouvement et, en conséquence, toute la série des phénomènes sensibles dont le mouvement et ses transformations sont l'origine et la cause uniques ;

6° Dans les 67 corps reconnus simples par la chimie moderne, les êtres simples ou *atomes* qui composent chacun de ces corps sont homogènes ; c'est-à-dire qu'il y a autant d'espèces de substances primitives qu'il y a de corps reconnus simples. Les corps *composés* sont la résultante de diverses substances hétérogènes, combinées par les procédés naturels ou artificiels.

Telle est, Messieurs, la théorie, je ne dirai pas nouvelle, mais récemment mise au jour par les professeurs de l'Université Grégorienne, les RR. PP. Tedeschini, Secchi, Caretti, Palmieri, Provenzali, Foligni, etc.... Je ne sache pas qu'elle ait été jusqu'ici livrée à l'impression dans toute sa teneur, et la modestie de ses instaurateurs ne leur a pas permis d'en faire la matière de leurs cours. Je dois à la bienveillante affection des RR. PP. Carretti et Palmieri, la communication de ces thèses : nous les avons approfondies ensemble dans de longs entretiens. Le résumé rapide que je viens de vous en faire m'a ramené vers cette belle époque de ma vie, à Rome. Au milieu du prosaïsme philosophique de la vie de paroisse, en Provence, ces souvenirs ont du charme, et si un moment ils semblent nous dégoûter du présent, ils nous le font aimer en faveur de l'avenir.

III

Cette hypothèse est-elle probable ? Est-elle une réalité ?

Nous n'insistons plus sur sa possibilité. Les diverses objections formulées sur ce point confondent des notions précises. Ainsi, par exemple, on se demande, dans cette hypothèse, pourquoi la matière ne pourrait sentir et penser? La réponse est facile. Pour penser il faut un être non-seulement simple, mais spirituel ; pour sentir, il faut un être simple qui ait la force de sensation. Or, l'être élémentaire du corps ne possède ni la spiritualité ni les forces sensitives : il n'est doué que de la force de résistance. — Un reproche fait contre cette théorie, c'est qu'elle pervertit les notions d'étendue et permet de dire que Dieu et l'âme occupent un espace. La confusion d'idées est ici manifeste. Dieu n'occupe point d'espace : Dieu possède l'immensité, c'est-à-dire que Dieu est par son essence partout où sont les êtres, partout où ils peuvent être. L'âme de l'homme, en tant que sensitive, existe dans le corps où elle exerce en diverses parties une action déterminée : elle a l'extension virtuelle. Mais ce qui constitue l'extension que nous constatons dans les êtres corporels, c'est la force de résistance. — Or, ni l'âme des bêtes, ni l'âme de l'homme, ni l'ange, ni Dieu n'exercent formellement cette force.

Voilà pour les objections : nous n'en connaissons pas de plus sérieuses. Nous concluons donc à la possibilité.

Cette hypothèse est-elle probable ? Une théorie est probable, quand elle est appuyée par de bonnes raisons Sans préjuger encore de la réalité de ces êtres, nous croyons que leur existence est probable. Un argument grand sinon convaincant, en philosophie, c'est l'autorité. Or, il est indéniable que beaucoup de philosophes ont défendu la théorie que nous

avons exposée. C'est l'aveu des adversaires eux-
mêmes. De Benedictis, auteur de la *Philosophia
Peripatetica*, parle de l'opinion des points enflés
puncta inflata, et prétend que, du temps d'Aristote,
on en discourait déjà comme d'un moyen terme entre
les doctrines du Stagyrite et celles de Zénon Eléate.
Ce même philosophe, ennemi ardent de la réalité de
l'extension virtuelle, n'en conteste point la possibilité.
« Je dis que le corps simple sans matière ni forme
« ne paraît pas impossible (1). » Arriaga, après une
longue dissertation, conclut contre la réalité mais en
faveur de la possibilité : « Parce que, dit-il, il ne faut
« pas refuser à la toute-puissance divine la création
« de ce qui n'importe pas une évidente contradiction :
« c'est pourquoi le corps simple est possible (2). »

C'est l'opinion du cardinal de Lugo, de Pallavicini, Amici, Gottifredus, du cardinal Ptoléméi et de
tant d'autres cités par le P. Tedeschini, au cours de
sa *Dissertatio historica de sententia scholasticorum
circa essentiam corpoream*. Et, au sujet des anciens
scholastiques, il nous faut faire une importante
observation qui grandira l'autorité des nombreux
docteurs qui ont affirmé la possibilité des êtres simples. A peu près tous les 90 ou 100 scholastiques
cités par le P. Tedeschini affirmaient l'existence de

---

(1) *Dico, corpus simplex per exclusionem compositionis essentialis ex ma-
teria et forma impossibile non apparet.* Philosoph. Peripatet Physica. Parte
II. Liv. I, 9. 3. de cœlo

(2) *Quia, non est negandum omnipotentiæ divinæ quod non involvit sal-
tem apparentem contradictionem, qualis non reperitur in tali corpore sim-
plici.....* Cursus Philosoph. dispos. V. physic. sect. 5.

l'être simple dans le Ciel Empyrée, le corps supra-lunaire ; et cet être simple est exactement celui que nous avons défini, comme on peut le voir d'après Barthélemy Amici (*Commentaires sur Aristote, livres de Cœlo et Mundo.* tr. IV. q. II. dub. I) (1). — Ce qu'il y a de plus remarquable c'est la raison même de cette affirmation. — La voici d'après le cardinal Pallavicini, transcrivant un passage d'Antonius Casilius : « *Nulla videtur*, etc. Il n'y aura aucune
« nécessité de poser la composition dans l'être supra-
« lunaire : toute la nécessité d'admettre la composi-
« tion essentielle dans le corps sublunaire, provient
« de la mutation substantielle, qui ne se retrouve
« pas dans la substance du ciel. (*Philosophia Con-
« templativa*, liv. II. cap. 11.) » — D'après Casilius (*Summa Philosophica*, n° 561), Aristote admet cette simplicité du ciel et pour la même raison. — L'on connaît la célèbre phrase de Vasquez : « Si nous
« ne voyions dans les choses matérielles se produire
« des mutations substantielles (*aliquo corporeo ma-
« nente*), nul ne pourrait soupçonner en elles l'exis-
« tence d'une matière distincte de la forme. C'est
« pourquoi Henri de Gand (*Quodlibet. 4. q. 16*)

---

(1) Augustin Niphus, philosophe du XVIᵉ siècle, en son *Exposition sur la métaphysique d'Aristote*, liv. 12, indique avec soin les qualités de l'être simple, dont il mettait l'existence dans le corps supra-lunaire. *Le corps céleste*, dit-il, *est sans matière parce qu'il est un corps simple : il est aussi sans génération et incorruptible.... Mais il a les conditions de la matière,* PARCEQU'IL A DES ACCIDENTS MATÉRIELS, *comme le mouvement, la lumière et la* QUANTITÉ. Voici un corps simple, qui a cependant la quantité ; à moins d'accuser Niphus de contradiction, nous devons voir là l'être simple *per se*, mais virtuellement étendu.

« pense que le ciel n'est pas pas composé de matière
« et de forme (c'est-à-dire, est un être simple), parce
« que nous ne remarquons en lui aucune mutation
« substantielle. Je ne crois pas qu'on puisse facilement
« enseigner le contraire (*In 1ª p. q L. observ. ad. a. 2*). »
C'est-à-dire que pour les anciens philosophes
de la scolastique, la seule difficulté qui s'opposait
à ce qu'on admit la réalité de l'être simple, étaient
les mutations substantielles. Or, Messieurs, pas
n'est besoin de l'affirmer, la physique moderne a rejeté les mutations substantielles, elle en
a nié catégoriquement l'existence, en proclamant
l'incorruptibilité, l'immutabilité rigoureuse et absolue des corps simples. Jamais d'une molécule de fer
on ne tirera autre chose que du fer, dit le Dr Cook ;
jamais l'hydrogène ne deviendra de l'oxygène. —
Nous pouvons de ce fait indéniable tirer une conclusion qui ne le sera pas moins, surtout pour ceux qui
prétendent que la question de la nature corporelle
est plutôt métaphysique que physique et expérimentale. C'est que les scolastiques n'auraient plus aujourd'hui aucune difficulté pour reconnaître l'existence de cet être simple, dont ils revendiquaient si
nettement la réalité pour le corps supra-lunaire (1).

(1) En novembre 1878, je publiais un article dans les *Annales du Monde
Religieux*, de Bar-le-Duc, sur la méthode à suivre pour résoudre la
terrible question de la nature corporelle. Cet article était lui-même un
résumé d'une *Etude* qui devait être, dans mon esprit, la préface de la
traduction française d'une importante brochure, publiée sur le même
sujet, par un docte professeur romain, Monsieur Segna. Des circonstances particulières et imprévues ont suspendu cette publication et pro-

Nous serons moins hardi : non, nous n'en sommes point encore à la certitude : nous ne dirons pas comme de Benedictis (*loco citato super*): « Si le corps « supra-lunaire (ou sub-lunaire, pouvons-nous dire) « est essentiellement incorruptible.... On ne peut « admettre autre chose en lui que l'être simple. » — Qu'il nous soit permis d'affirmer que cet être simple est plus probablement existant que l'être composé élémentaire. Cette théorie est des deux la plus probable, dit le P. Palmieri, qui donne plus facilement raison des phénomènes que nous remarquons dans les corps, tandis que l'hypothèse contraire n'a point de ressources pour fournir ces mêmes explications..., Or, la théorie des êtres simples est en conciliation parfaite avec les données soit physiques soit chimiques ; autant qu'il est en elle, elle explique les propriétés des corps, en assigne la cause ; mais pour que la confrontation soit plus facile et plus exacte, choisissons quelques phénomènes qui affectent la nature corporelle, comme la possibilité qu'ont les corps d'être pénétrés par d'autres, la multilocation

bablement l'arrêteront pour longtemps. Je donne en *appendice* cette Préface qui est une étude approfondie sur cette question préliminaire de méthode. Des félicitations me furent adressées au sujet de l'article des *Annales*, par les R.R. P.P. Ramiere, Bottalla, Palmieri, Zampieri, etc... ; elles honorent surtout la doctrine que je défendais, la méthode que je préconisais. Si je rappelle ici ces éloges, c'est afin que les lecteurs de ces pages veuillent bien accorder leur attention à des idées qui ont pu fixer la bienveillance des grands philosophes dont j'ai cité les noms, à des idées dont l'importance pratique me semble très-grande, et qui auraient pour résultat certain, si elles étaient adoptées, la fin des longues et tristes luttes dont nous sommes les spectateurs et les victimes.

et le défaut d'extension relative dans l'espace. Ces faits, ces phénomènes sont miraculeux : mais ils sont dans la nature, en ce sens qu'ils ne sont point contre elle : il y a dans le corps un pricipe passif capable de les subir sans se déformer et le philosophe, chargé de chercher la cause intime. le principe intrinsèque, principe inerte et passif des phénomènes corporels, est tenu d'en assigner un, au moins initial à ceux que nous venons d'indiquer. Or, l'hypothèse des êtres simples, mieux que toute autre, sait s'adapter à ces faits et donne une explication acceptable.

1. La pénétration d'un corps par un autre consiste en ce que deux corps occupent simultanément le même espace. La loi ordinaire, résultat d'une induction perpétuelle et constante, nous montre que l'impénétrabilité est une propriété générale des corps. Cependant nous savons par l'autorité divine et humaine que le corps très-saint de Notre Seigneur Jésus-Christ est sorti du sein de la B. V. Marie sans en violer la virginité : nous savons qu'il apparut dans la salle où étaient réunis les disciples, et qu'il y vint, *januis clausis*, qu'il sortit du tombeau sans en briser la pierre. Il y eut évidemment là compénétration, dérogation à la loi ordinaire, c'est-à-dire miracle. Il n'est point ici question d'affirmer la possibilité de ce miracle, nous devons essayer d'expliquer cette possibilité. Nous raisonnons ainsi : l'impénétrabilité du corps considérée en son entier est la résultante des impénétrabilités particulières des divers êtres composants. la résultante des divers effets de la force de résistance propre à chacun de

ces êtres. Ce qui répugne à la compénétration dans l'être virtuellement étendu, ce n'est point la substance elle-même de l'être, substance simple et indépendante des parties : c'est la force de résistance dont l'être est doué, force dont l'acte a pour effet direct de repousser tout autre corps. Supposons que Dieu suspende momentanément l'effet de cette force: cette hypothèse n'a rien d'inadmissible, Dieu peut faire tout ce qui n'est point contre l'essence des choses ; or, l'acte, l'opération *hic et nunc*, n'est point essentielle à la force, qui se peut considérer indépendamment de son effet. Cette suspension d'activité s'explique lorsque la force de résistance rencontre une force plus puissante ; dans ce cas elle cède sans se détruire, et il ne reste alors que la substance simple pénétrable par nature et dont la force d'impénétrabilité sera momentanément suspendue. Nous avons donc ici la possibilité métaphysique de la pénétration.

Plaçons-nous maintenant dans l'hypothèse qui requiert le *continu formel* dans les êtres élémentaires. D'après cette théorie, la matière est divisible à l'infini : les plus petites particules de la matière seront donc étendues, par cela seul qu'elles seront divisibles ; or, l'effet formel de l'impénétrabilité, c'est l'étendue. On dit, en philosophie, que la cause formelle est absolument inséparable de son effet ; c'est de ce principe que nous concluons à l'impossibilité, pour les défenseurs du *continu formel*, de donner une explication satisfaisante de ce phénomène admirable. Je sais bien que ces hommes, quand ils sont

catholiques, admettent la non-répugnance intrinsèque de la pénétration ; mais en donnent-ils la raison ontologique ? Assignent-ils la véritable cause de cette manifestation corporelle ? Ne paraisssent-ils pas croire à *priori* à l'existence d'une possibilité dont l'autorité affirme l'acte, plutôt que céder à un raisonnement fondé sur une étude approfondie des propriétés du corps, et en particulier de cette impénétrabilité relative et conditionnelle, que le miracle nous fait constater ? Un des défenseurs du continu formel s'exprimait ainsi dernièrement, pour montrer que l'impénétrabilité n'est point de l'essence des corps : « De ce que deux corps occupent le même
« espace, il ne s'ensuit rien contre leur nature et
« leur individualité. Le corps, en effet, relativement
« à l'espace, *n'est autre chose qu'une substance étendue*.... Or deux corps qui se pénètrent ne cessent
« pas d'être une substance étendue et d'occuper le
« même espace que lorsqu'ils sont séparés (1). »

L'impuissance de la théorie contraire ne pouvait être plus manifeste ; car, par cela seul que le corps est une substance étendue, il est une substance impénétrable, et le moment précis de la pénétration est le moment précis d'un défaut de cette force de résistance, source unique de l'étendue. — Or, Messieurs, bien que la philosophie catholique doive savoir souvent se taire en face de l'œuvre miraculeuse de Dieu et que sa gloire à elle se borne alors à constater son existence, on ne lui fera jamais un tort de vouloir

---

(1) *Summarium Philosophiæ Speculativæ*, n° 304, Ontologie.

dire une parole en l'honneur de l'action divine, de vouloir s'éclairer à ces clartés nouvelles. Je crois que la théorie des êtres simples virtuellement étendus, plus que celle du continu divisible à l'infini, a fait cette partie de son devoir.

2. Le second fait miraculeux dont nous devons rechercher l'explication ontologique, c'est le défaut de toute extension relative. Je m'explique : Je vous ai donné, plus haut, la définition du corps d'après la physique « une portion de matière qui occupe une « certaine portion de l'espace, et qui affecte nos sens. » J'ai fait remarquer que cette définition ne donnait point l'essence du corps, mais en signalait seulement les propriétés extérieures et apparentes. L'essence c'est ce qu'il y a de premier, ce qui est la cause des propriétés, et je vous disais que la cause d'une occupation d'espace c'était, avant tout, l'aptitude intrinsèque qu'avait le corps à l'occupation de cet espace, soit parce qu'il avait en lui des parties formelles, soit parce qu'il était un être simple, propre à exercer, en divers point de l'espace, les effets de sa force de résistance.. Dans la Très-Sainte Eucharistie, Notre-Seigneur est présent par son corps et cependant cet être corporel n'y affecte point nos sens, n'y occupe point d'espace! La définition de la physique serait fausse si elle exprimait autre chose qu'une loi ordinaire, si elle excluait l'exception, le miracle, si, en d'autres termes, elle affirmait autre chose qu'une propriété conditionnelle et relative.

D'après la théorie de l'être virtuellement étendu, que sera la quantité des corps ?

La quantité ou extension que nous attribuons aux corps résulte des quantités ou extentions propres à chacun des éléments composants; cette quantité totale est réellement, formellement divisible en ces diverses quantités partielles. De plus, cette quantité totale se peut considérer par rapport au sujet étendu : elle n'est alors autre chose que la multiplicité des parties dont une est entitativement distincte de l'autre, ou la position relative des parties entr'elles, c'est-à-dire, par exemple, que le cou soit placé entre la tête et le thorax, le bras en dessous du cou et de l'omoplate. etc. C'est ce qu'on appelle la quantité *intrinsèque*, constituée par les relations du sujet avec ses parties et des parties entr'elles : c'est aussi la quantité *entitative*, parce que les relations découlent de l'être, et qu'au fond cette quantité entitative n'est que la juxtaposition des éléments qui composent le corps.

A côté de cette quantité *entitative* et *intrinsèque*, la masse corporelle possède aussi la quantité locale

www.ingramcontent.com/pod-product-compliance
Lightning Source LLC
Chambersburg PA
CBHW060715050426
42451CB00010B/1455